LES ABUS

DE LA MARTINIQUE

DÉVOILÉS,

Par les faits et les résultats consignés dans un ouvrage in-4°., intitulé : Comptes généraux de la Martinique, *etc., rédigés par une Commission temporaire, formée d'après les Ordonnances du Gouverneur-général de la Colonie, en date des 12 et 25 octobre 1816, motivées et appuyées sur la dépêche de S. E. le Ministre de la Marine, en date du 6 juillet 1816.*

SUIVIS DE QUELQUES RÉFLEXIONS.

Sans les lois de l'Europe qui les gouvernent par leurs besoins, répriment ou gênent leur excessive indépendance, ils tomberaient dans une mollesse qui les rendrait tôt ou tard les victimes de leur propre tyrannie, ou dans une anarchie qui bouleverserait les fondemens de leur société.

RAYNAL, vol. 4, p. 202, édit. d'Amst., 1773.

A PARIS,

CHEZ
Ant. BAILLEUL, Imprimeur-Libraire du Commerce, rue Sainte-Anne, n°. 71.
DELAUNAY, Libraire au Palais-Royal, Galerie de bois, N°s. 243-244.

1817.

IMPRIMERIE D'ANT. BAILLEUL,
RUE SAINTE-ANNE, N°. 71.

Dans ce Précis, exempt de passion et de tout intérêt particulier, on s'est interdit scrupuleusement de citer les personnes, même celles que la Commission n'a pu s'empêcher de nommer.

Ce sont les abus, et non les hommes, qu'il s'agit de dévoiler.

LES ABUS

DE LA MARTINIQUE

DÉVOILÉS.

INTRODUCTION.

L'ouvrage de la Commission temporaire, et le précis qu'on en donne ici, n'ont d'autre but que la prospérité du commerce maritime de la France avec ses Colonies. S'il est vrai que le sort de cette prospérité dépende de la bonne ou de la mauvaise administration de ces îles dans les intérêts de la métropole, l'intention d'en mettre les abus au grand jour, afin qu'on les détruise, ne peut être que patriotique, et conforme aux grandes vues du Monarque qui a restauré la France. La malveillance ou l'intérêt personnel supposeraient vainement tout autre motif; cette intention seule, et le but qu'elle se propose, sont un mérite qui donne droit à la reconnaissance publique, à l'estime de tout homme honnête et impartial, et à la considération de tous ceux qui sont, de bonne foi, les amis de leur patrie.

Le travail de la Commission a été fait et rédigé avec autant d'ordre que d'exactitude; il est partout marqué au coin d'une modération sévère et d'un discernement éclairé; aucun fait n'est avancé qu'il ne soit appuyé d'une pièce authentique et justificative. Si la Commission fixe l'attention sur les choses, elle l'arrête avec regret, et le moins qu'il est possible, sur les personnes; elle voudrait même l'en détourner : elle signale les abus, mais elle en indique le remède; elle marche toujours précédée du flambeau de l'analyse et de l'expérience. Après avoir bien déterminé les données, elle les compare entr'elles; elle en tire des

conséquences et des résultats certains,
qui, dans tous les temps, pourront servir
de points de comparaison : c'est l'état
statistique des finances et de l'administration de cette île, relevé sur les
registres mêmes et dans les archives de
la Colonie, scrupuleusement compulsés
et examinés; les folios et les numéros des
articles et des enregistremens sont exactement cités et indiqués, afin qu'au
besoin on puisse y avoir recours.

L'état des finances de St.-Domingue,
travail précieux du respectable et in-
tègre Comte Barbé de Marbois, paraît
avoir été consulté, suivi et pris pour
modèle dans le plan que la Commission
s'est tracé.

On voit dans les motifs de l'ordonnance qui a autorisé cet ouvrage, qu'il
doit sa naissance à une dépêche du
Ministre de la marine, en date du 6
juillet 1816, à laquelle le Général-Gou-
verneur a dû se conformer pour exécuter
complétement ses ordres : ce motif

donne donc à ces résultats un caractère légal et authentique.

Les membres de cette Commission temporaire ne pouvaient être mieux choisis que parmi des habitans planteurs, non-endettés, d'anciens militaires décorés de l'ordre royal de St.-Louis, des commissaires du commerce bien famés, des hommes de loi d'une réputation de probité irréprochable, des administrateurs du domaine, dont le travail prouve la capacité; ce sont les classes les plus respectables, les plus estimables, et les plus dignes de confiance de la Colonie, et les élémens dont elle est composée presque tout entière.

Le désintéressement, la pureté de zèle, les intentions patriotiques et bienfaisantes de S. E. le Gouverneur-Général sont les garans de la bonté de son choix; la noblesse du caractère public et personnel d'un de nos plus anciens généraux et d'un des chefs les plus distingués de la marine française, l'élévation de ses idées, leur conformité absolue avec celles du gouvernement paternel de Sa Majesté, les intérêts de la France et des Colonies la garantissent encore mieux.

L'ouvrage est d'autant moins susceptible d'analyse, qu'il est lui-même une analyse très-rigoureuse, et réduite à l'expression la plus simple d'une foule de pièces et de documens, dont il prouve l'examen attentif; il est, sous ce rapport, un monument précieux à conserver et à consulter.

Mais on a trouvé qu'il était avantageux pour beaucoup de lecteurs de resserrer dans un cadre moins étendu, clair et précis, des résultats et des faits importans, dont le plus remarquable offre la preuve directe qu'avec du zèle pour la chose publique, de l'exactitude dans les perceptions, de l'économie dans la dispensation des fonds, la Martinique, dévouée et toujours fidèle à son Roi, aurait pu et pourrait encore conserver dans une caisse d'épargnes, deux à trois millions, pour en faire hommage à l'État (1).

Quelle perspective heureuse pour les gouverneurs revêtus de pouvoirs suffisans, et dont rien ne peut entraver le zèle et le désintéressement, lorsqu'ils sont appelés à diriger les affaires du Roi dans un pays aussi riche, et, pour ainsi dire, vierge de nos diverses révolutions !

Quelle reconnaissance ne devra pas le Gouvernement à celui qui naguère a su l'en préserver, préparer, par sa sagesse et par une fermeté mesurée et soutenue, l'espérance flatteuse d'une bonne législation coloniale, et de l'exécution de

---

(1) *Comptes généraux de la Martinique.* — Ire. partie, Caisse royale, page 13.

Mais en principe l'état ne doit jamais rien recevoir de ses colonies, ni réclamer leurs secours ; et cette caisse d'épargnes de 2 à 3 millions pourrait être alors le premier fonds d'une caisse d'amortissement à créer pour l'extinction successive des dettes de celle-ci : il ne s'agirait que de l'organiser ; elle pourrait même devenir une espèce de banque, et un nouveau lien de correspondance entre les îles et la métropole.

l'article 73 de la Charte constitutionnelle du royaume !

La Martinique est une petite montre, disait un de ses anciens gouverneurs (M. le Vicomte de Damas); elle va seule quand elle est bien réglée. Il ne fallait donc qu'une main habile pour lui donner cette impulsion régulière, pour démontrer et supprimer les abus vicieux que le temps avait fait naître, et qui s'opposaient à la liberté et à l'ordre simple de ses mouvemens (1).

L'oligarchie et le monopole, ces deux ennemis éternels de la prospérité du commerce maritime de France, et de ses spéculations dans les Antilles, étaient seuls intéressés à y maintenir leurs priviléges exclusifs et destructeurs.

Ces résultats leur portent le coup

____

(1) On a vu là, pour la première fois, un gouverneur militaire se déclarer le réformateur des prodigalités et des abus, tandis que l'autorité faite pour les réprimer, les protégeait au contraire, et les reconstituait par des profusions sans mesure.

mortel, il faut l'avouer; mais ils revivifient l'activité, l'émulation, l'industrie; et l'espoir des négocians de nos ports français, trop long-temps comprimés, leur courage et leurs efforts vont renaître, et reprendre sous une administration simple, ferme et désintéressée, leur marche naturelle, parce qu'elle saura les préserver des écueils marqués par les vices de l'administration précédente, dont les abus se trouvent présentés et démontrés jusqu'à l'évidence dans l'ouvrage de la Commission temporaire, et offerts d'une manière plus concise et peut-être plus frappante dans le cadre qui va suivre.

On verra donc qu'il est urgent et nécessaire de substituer *à la contrebande*, *au monopole*, *à l'oligarchie*, etc., des lois sages, constantes et invariablement exécutées.

Cette exécution appartient nécessairement et de droit à chacun des divers ministres que ces lois concernent; ils ne

peuvent se dépouiller de leurs attributions, pas plus que de leur responsabilité.
*Une direction supérieure et particu-
lière* n'en peut demeurer chargée ; elle
serait un ministère dans les autres mi-
nistères, qui ne pourrait jamais être
en harmonie exacte avec les intérêts
généraux de la France. L'article 73 n'est
point une exception, c'est une confirma-
tion de la Charte : les Colonies doivent
être régies par des lois et des réglemens
particuliers. C'est donc à chacun des
membres du pouvoir exécutif constitu-
tionnel qu'il appartient d'être exclusive-
ment chargé de leur exécution, puisque
c'est à eux que les Chambres doivent
en demander compte (1).

-----

(1) Depuis la restauration, il n'a été rendu aux
Chambres aucun compte de l'administration des Colonies, du montant ni de l'emploi de leur budget annuel.

Tous les gouvernemens éclairés ont pensé que
leurs sujets du Nouveau-Monde avaient un droit aussi
démontré que ceux de l'ancien, à ne dépendre d'aucune autre autorité que de celle des lois générales de
l'état. *Raynal*, tome IV, page 275.

CHAPITRE PREMIER.

Des Recettes de la Caisse royale.

Du coup d'œil général et comparatif sur les finances de la Martinique, il résulte qu'en 1785 l'état général des dépenses, sur lequel devait être calculé le budget des recettes des impositions et des envois de la métropole, ne s'élevait pas au-delà de 1,028,716 fr. 83 c. (1), tandis qu'en 1815 et 1816, l'état général des recettes faites par toutes les caisses, prouve que la Martinique est soumise à un impôt annuel de 5 millions de francs; sans qu'aucun contrôle administratif exact puisse donner la certitude que cet impôt ne s'élève pas au-delà, ou qu'il n'ait pas été fait de recette dont on n'a pas tenu compte à la caisse du Roi.

Puisqu'en 1806, il y a huit à dix ans, les recettes des douanes seulement, avec de bien moindres droits de sortie qu'aujourd'hui,

____

(1) *Comptes généraux de la Martinique. —* Ire. partie, Caisse royale, page 5 du *Coup d'œil sur les finances.*

étaient de près de 5 millions (1), pourquoi, avec un tarif plus fort pendant treize
mois, à compter du 9 décembre 1814 jusqu'au 31 décembre 1815, la recette des
douanes ne s'est-elle élevée qu'à 3 millions
trois cent mille francs, qui se réduisent à
2,600,000 f. (2), défalcation faite des droits
municipaux et coloniaux, et des fonds reçus
de France, qui ne doivent pas y être compris ? Il n'y a pas d'apparence que les récoltes
aient été moindres ; il est reconnu, au contraire, qu'elles sont aujourd'hui, comme
alors, de 38 à 40 mille barriques de sucre,
année moyenne, et que la population n'a
presque pas diminué sous le rapport des
consommations. Il y a donc une différence de
2,600,000 f. par an de droits de douane perdus
pour le Roi par la contrebande : l'on demande à quelle somme on devrait en conséquence évaluer la quantité de marchandises étrangères importées, et de sucres ex-
portés au détriment de l'exclusif de la métropole.

____

(1) Caisse royale, pag. 5.

(2) Ou à 2,400,000 fr. pour un an, somme au-
dessous de la moitié de ce que ces douanes donnaient
en 1806 ou 1808.

On remarque que parmi les dépenses, il en est une de près de 1,200,000 fr. pendant deux ans, qui se rapporte à la caisse municipale et à celle des Fées, dont la connaissance est entièrement soustraite au Ministre, et à la Cour royale des Comptes (1).

On remarque que, comme receveur, le trésorier-général de la Colonie ne fait aucune mention sur ses livres du versement qui aurait dû lui être fait du restant en caisse de l'administration coloniale sous le gouvernement anglais, à l'époque de la reprise de possession de la Martinique par les Français, le 9 décembre 1814 (2).

Le trésorier-général a bien représenté une espèce de procès-verbal, en date du 15 décembre 1816, dont il résulte qu'il a reçu une somme de 67,527 l. 8 s. 10 d. coloniales, comme reliquat des comptes de cette administration ; mais on voit que ce procès-verbal est daté de deux ans après que cette administration aurait dû cesser ses fonctions.

M. le Gouverneur a renvoyé à d'autres

---

(1) Caisse royale, *Coup d'œil sur les finances*, page 5.

(2) Caisse royale, p. 5.

temps l'examen de cette comptabilité et de
l'encaisse de l'administration anglaise, au
moment de la reprise de possession, par des
raisons de prudence.

La Commission entre dans le détail des
vices et des abus qu'elle signale ; elle les
précise exactement, et en indique le remède.
Elle fait remarquer surtout les importations
et les exportations clandestines qui consti-
tuent le commerce interlope et le monopole.
Elle s'exprime, et dit : « Qu'il semble y avoir
» pour ce commerce prohibé une associa-
» tion qui en assure l'impunité ; que le pu-
» blic est induit à croire que les officiers des
» douanes étant tous créoles, ou la plupart
» unis par les liens du sang et des rapports d'in-
» térêt, il doit y avoir des concessions mu-
» tuelles, qui peuvent se graduer depuis le pre-
» mier chef jusqu'au dernier employé (1). »
Elle signale l'introduction des farines étrangères en contrebande, l'introduction de la
morue et des viandes salées sans payer de
droits, ou ne payant pas la moitié de ceux
qui sont prescrits par la loi ; en récapitulant

____

(1) Caisse royale, p. 9.

les défauts de perception sur les douanes, elle offre le tableau suivant :

Perte pendant les treize mois de 1814 et de 1815.   1,406,230 fr.

Idem pendant les neuf premiers mois de 1816. 973,739

TOTAL des défauts de perception pendant vingt-deux mois (1). . . . . 2,379,969 fr.

La Commission remarque enfin que, malgré les ordonnances du Roi, il n'existe aucun article de versement des curateurs aux successions vacantes, ni dans la caisse du domaine, ni dans la caisse du trésorier-général, conformément à l'article 63 de l'édit du Roi du 24 novembre 1781 (2).

La Commission note que la francisation des denrées anglaises et de beaucoup d'espèces de marchandises expédiées comme d'origine française, occasionne une perte énorme des droits du Roi, que, d'après l'inspection seule des registres de la douane (si tout y est porté), elle évalue à 252,549 fr. (3).

______

(1) Caisse royale, p. 11.
(2) *Idem*, p. 13.
(3) *Idem*, p. 7.

CHAPITRE II.

De la Caisse des Fées, Recettes et Dépenses.

La Commission n'a aperçu d'autre base à l'établissement de la taxe dite des fées, 1º. qu'un tarif anglais trouvé affiché dans le bureau des douanes, lequel, sans être ordonnancé par aucune autorité, a été le seul titre de perception, depuis le 9 décembre 1814 jusqu'au 22 janvier 1815.

2º. Un tableau qui modifie le premier tarif, et au bas duquel est simplement écrit : Le présent, etc. *Signé*, Dubuc. Par M. l'intendant, *signé*, Fournier. Pour copie conforme, *signé*. Garnier-Laroche.

3º. Un second tableau qui présente les fées à percevoir sur les bâtimens anglais pendant le temps qu'ils devront être considérés sur le même pied que les Français, c'est-à-dire, depuis le   1815 jusqu'au   1816; lequel tableau, ainsi que le premier tarif, n'est ordonnancé par aucune autorité.

Mais le 8 mars 1815, M. l'intendant dit au Conseil supérieur, assemblé en séance à

Fort-Royal, qu'il avait rétabli ou continué la perception des fées, *pour faire*, *le jour de la reprise de possession*, *ce qui se faisait la veille* (1). Un jeu de mots est ainsi présenté comme le motif et la base de cet impôt ignoré en France, et si machiavéliquement imité des Anglais, sur lesquels il semble peser, au moment où il les favorise.

Les fées (ou droit de tonnage) se perçoivent donc à la Martinique sur tous les bâtimens français faisant le commerce des îles ou le cabotage de l'Archipel, et spécialement sur tous les bâtimens de commerce étranger. Ils consistent en un droit de quatre gourdes pour chacun d'eux, avec une graduation sur la capacité des bâtimens, et dans un autre droit appelé *permis d'embarquer et de débarquer*, imposé sur les marchandises et sur les passagers, lequel se paye à raison d'une piastre par chaque permis.

On n'exige et on ne donne jamais de reçu pour aucun de ces droits payés au domaine (2).

____

(1) Gazette de la Martinique, supplément au n°. 38 de l'année 1816.

(2) IIe. partie, Caisse des Fées, p. 3.

Les recettes ne sont portées sur aucun registre coté et paraphé ; elles sont arrêtées seulement par le Directeur du domaine à la fin de chaque mois, sans inspection ni contrôle.

Le directeur du domaine est à la fois caissier, payeur, receveur et contrôleur.

Pourquoi ne donne-t-on pas de reçu pour ce droit comme pour tous les autres droits ? Ce mystère sur le produit d'une taxe particulière semble, par cela seul, la frapper d'illégalité.

La Commission remarque que, par ordre de M. l'intendant (1), le directeur était autorisé à faire valoir les fonds de cette caisse. Le prétexte de se débarrasser des mocos qui l'encombraient est illusoire, en ce que le principal et les intérêts des fonds placés en mocos rentraient également en mocos.

Le total de la recette des fées pendant vingt-deux mois s'élève à 596,153 fr. 81 c., somme égale à la presque totalité de l'imposition de la Colonie avant la révolution (2).

Il a été arrêté, le 1er. février 1815, par

(1) Caisse des Fées, p. 4.
(2) *Ibid.*, p. 5.

M. l'intendant, que le produit des fées servirait à solder les employés du domaine.

Cependant il a été prouvé à la Commission que tous ces employés ont été payés de leurs appointemens fixes par la caisse royale, pour le même mois de décembre 1814, pour lequel ils sont compris dans l'état ordonnancé par M. l'intendant, le 21 décembre 1814, sur les fées. On observe encore que, malgré la réforme ordonnée par une lettre ministérielle du 25 fructidor an 13, l'état ordonnancé de l'intendant, pour le paiement du personnel des employés des douanes, excède celui qui fut précédemment ordonnancé par M. le préfet colonial, conformément à cette lettre ministérielle, de 23,440 fr. (1).

La Commission remarque que, malgré que M. l'intendant ait ordonnancé un état de 10,000 fr. sur la caisse des fées pour frais d'impression, c'est cependant la caisse royale qui les a payés.

Le personnel du domaine se trouve augmenté, sans motif énoncé, de deux commis principaux, de trois visiteurs et d'un commis

---

(1) Caisse des Fées, p. 5.

expéditionnaire : il n'y a ni enregistrement, ni inscription de ce nouvel état d'augmentation du personnel.

La remise annuelle accordée au directeur-général est tout à coup portée au *maximum* de 12,000 f., sans égard aux économies que le malheur des temps oblige de faire en France, et qui décemment, et à l'instar de la métropole, devraient avoir lieu à la Martinique. Les améliorations du traitement des employés du domaine sont hors de toute convenance, puisque, déjà trop libéralement payés, quant au principal, sur la même caisse, l'accessoire ne devrait pas aller jusqu'à la profusion, ni avoir un effet rétroactif jusqu'au 1er. décembre 1814, tandis que les officiers des douanes françaises ne sont entrés en exercice que le 9 du même mois.

La différence des dépenses du personnel du domaine, fixées par la dépêche ministérielle du 25 fructidor an 13, avec celles fixées par M. l'intendant, prises en masse avec les améliorations (1), est de 91,840 fr., c'est-à-dire une fois et demie plus que le montant

____

(1) Caisse des Fées, p. 8.

de l'ancien état ordonnancé par M. le préfet colonial.

Des indemnités et des avances sont accordées sur la caisse des fées, sans motifs et avec une prodigalité surprenante; savoir (1):

Au directeur particulier du domaine et à un employé.	900 fr.
A un premier commis. .	205
Frais minutieux en 1815.	1,273 39 c.
Idem en 1816.	294 30
A un secrétaire-général du gouvernement en 1815.	1,080
En 1816.	2,520
A un mulâtre.	540
A un colonel commandant en second de la Colonie. . .	4,000 (2)
Au colonel commandant de la place à Saint-Pierre. .	3,960
A un inspecteur de la marine.	1,188
	15,960 f. 69 c.

_____

(1) Caisse des Fées, p. 9 et 10.

(2) Cet officier supérieur avait en outre 20,000 fr. de traitement fixe payés par le Roi. Chacun des autres officiers ou administrateurs, etc., avait aussi son traitement correspondant à son grade, payé par le Roi.

De l'autre part.	15,960 f.	69 c
A un commissaire de marine.	1,188 (1)	
A un simple particulier. . .	841	29
Une garniture de lit (on ignore à qui)	540	
A un commis de marine. .	270	
A un particulier.	216	
A la femme du ministre Bisset.	160	11
Au collége royal.	502	60
A un particulier du Fort-Royal.	363	
A un particulier.	900	
Secours accordés.	988	20
Dépenses pour l'hôtel du domaine.	106,108	91
Idem. . . id. . . id. . . .	22,753	57
A l'hôtel de la trésorerie. .	12,858	97
	163,651 f.	34 c.

Dans ces dépenses, sont compris des ameu-

---

(1) On ne distingue pas bien dans l'état de la Commission si MM. l'inspecteur et le commissaire de marine ont reçu chacun 1,188 fr. , ou s'ils partagent entr'eux cette somme.

blemens précieux et des objets de luxe pour des sommes considérables.

La différence des prix de construction des hôtels du domaine et de la trésorerie, comparés avec le capital des indemnités annuelles de logement, que le Roi serait ou devrait être alors dispensé de payer, est de 331,787 fr. en plus, c'est-à-dire, que, pour ne pas payer tous les ans une somme de 9,616 fr., on sacrifie 460,000 fr. que ces deux hôtels devront coûter, et qui, placés au denier cinq, donneraient une rente de 23,000 fr. La différence est une annuité de 13,384 fr. Un particulier qui calculerait ainsi, encourrait nécessairement le blâme de sa famille (1).

Toutes ces constructions sont faites et payées sans devis estimatif, sans marchés ou adjudications au rabais, sans inspection et sans contrôle.

La Commission remarque avec justesse que le directeur du domaine étant tout à la fois receveur, payeur, contrôleur et caissier de ces fonds, c'est un grand vice en administration, que de prouver trop de confiance; puisque, si elle fait honneur à la candeur de

____

(1) Caisse des Fées, p. 15.

l'administrateur, elle peut entraîner les plus grands abus, et que cela même en est un. La confiance, qui fait l'éloge du cœur d'un particulier dans ses propres affaires, doit être réputée une négligence blâmable dans l'homme public, dans un chef des finances, ayant l'expérience des hommes, et qui doit savoir combien il est dangereux de mettre la délicatesse des sentimens aux prises avec les intérêts, dans un temps surtout où les mœurs publiques semblent ne mettre aucune différence entre la vertu de l'homme et sa fortune.

Les droits de fées ne sont établis et perçus que sur les étrangers, ou sur les bâtimens français qui feraient le commerce étranger; les traitemens des employés des douanes en sont payés, et progressivement augmentés : d'où il suit que ces employés ont un intérêt particulier à ce qu'il soit admis le plus d'étrangers possible commerçans dans la Colonie, à les y attirer, à les y accueillir, à leur offrir même des avantages bien au-dessus de la rétribution déjà très-considérable qu'ils en exigent, et qui, en dernière analyse, se paye par la Colonie même, qui s'en dédommage sur la métropole. Ils sont en quelque sorte aux gages de ces étrangers, puisqu'ils ne sont pas autrement payés.

Ces droits de fées n'étant établis par aucune loi, ni ordonnance, ni réglement, ne méritent le titre ni de droits ni même de taxes; bien moins encore, si on considère qu'on n'en donne point de reçu. Que sont-ils donc, et de quel nom les qualifier? *Fées* est un mot anglais qui a diverses acceptions, suivant les objets auxquels on l'applique : pour un objet illégal donc, et aussi peu autorisé que celui-là, il pourrait signifier *tour-de-bâton*, *étrennes*, *bonne-main* ; *pour-boire*, *aubaine*. On laisse à penser et à calculer la somme à laquelle peuvent s'évaluer des abus tolérés pour des *étrennes*, qui s'élèvent annuellement à plus de 3 à 400 mille francs avoués, sans compter ce qu'on peut se permettre de soupçonner, puisqu'il n'y a ni registres réguliers, ni reçus, ni contrôles de cette administration, et qu'on ne peut connaître d'une manière certaine le montant de ses recouvremens !........

La manière la plus favorable de l'interpréter, serait de considérer ces fées comme une gratification que l'on permet à des gens

salariés de recevoir, sans que cela nuise à
la régularité et à la fidélité de leur service, lorsqu'ils sont payés d'ailleurs exactement par leurs chefs. Mais ici les officiers des douanes n'ont pas d'autre salaire ;
et voilà bien, comme on l'a dit, leur délicatesse aux prises avec leurs intérêts personnels: quelle garantie peuvent-ils donc offrir
aux intérêts de l'administration française ?

CHAPITRE III.

De la Caisse municipale, recettes et dépenses.

Cette Caisse doit sa naissance à l'arrêté
de M. le préfet colonial Laussat, en date
du 28 décembre 1805, qui établit une
place de trésorier des deniers municipaux,
afin d'exempter ces derniers de la retenue
de 3 p. 100 au profit des invalides, et de
leur donner une application plus avanta-
geuse et plus directe aux objets pour le
paiement desquels ils étaient destinés; mais
il se garda bien de les soumettre à une administration particulière. Par son arrêté du
22 mai 1806, il fixa le mode de compta-

bilité, qui ne manquait pas de rentrer toujours dans la comptabilité générale.

Cette innovation, louable dans son intention, ouvrit la porte à de grands abus : on fonda et l'on appuya sur elle l'arrêté du 10 avril 1810, qui créa *l'administration publique et municipale*, sous le gouvernement du général anglais Brooderick ; mais on reconnaît le doigt qui le traça.

L'arrêté du 10 avril 1810 est devenu la base de celui du 4 janvier 1815, qui ajoute des attributions nouvelles et les plus étendues à ces fonctions administratives, dites municipales. On croirait y reconnaître la même main ou le même esprit de famille qui semble vouloir exhausser les fondemens déjà jetés d'une espèce d'oligarchie, en créant une administration toujours croissante dans l'administration générale de la Colonie ; cet esprit semble vouloir la mettre au-dessus même de l'administration royale, en allouant un traitement plus fort aux employés municipaux qu'aux employés mêmes de la marine. Cet arrêté du 4 janvier 1815 n'est, en outre, qu'un germe qui annonce de plus grands développemens, ou plutôt c'est la pierre fondamentale d'un grand édifice en projet.

L'intendant se donne à lui-même, *dans sa rédaction* de cet arrêté, le titre d'administrateur-général ; il ne fait qu'indiquer, et néglige de déterminer les instructions et les formes que l'on devra suivre dans la comptabilité, quoiqu'il les annonce par l'article 13 dudit arrêté. Cette négligence étonne, en ce que les fonds de la caisse municipale paraissent, en grande partie, enlevés et distraits des recettes de la caisse royale, tels que ceux provenant des affranchissemens, des hangards, des cabarets, des colportages et des canots, etc.

Cette négligence étonne bien davantage, quand on voit que l'administration municipale, placée dans le centre de l'administration royale, lui devient tout à fait étrangère, s'en éloigne sans retour, et que l'examen de sa comptabilité est dérobé à la Chambre des comptes, qui réclame le systême entier des finances de la Colonie (1).

La caisse des deniers municipaux n'étant formée, dans le principe, que de deniers distraits de la caisse royale, pour la destination particulière et privative des dépenses

____

(1) IIIe. partie, Caisse municipale, page 9.

locales et municipales, semblait devoir être
à l'abri de toute atteinte , et respectée,
même dans les changemens de gouvernement ét de domination ; elle ne devait s'ouvrir que pour les besoins de la commune ;
son indépendance de tout autre service était
sa garantie contre toute disposition étrangère à son objet, et devait la rendre invio-
lable , même au pouvoir de la conquête.

On a demandé compte de l'état de cette
caisse à l'époque du changement de gouvernement, le 9 décembre 1814, jour auquel
la Colonie a été rendue au Roi de France.

La Commission témoigne sa surprise (1)
de n'apercevoir dans les comptes qui lui
sont soumis, rien de relatif à la situation de
cette caisse, à cette époque. Après beaucoup de détours, de lenteurs et de réponses
évasives à ses demandes formelles et réité-
rées, elle obtient enfin un compte rendu
après coup, et des bordereaux arrêtés complaisamment en faveur du trésorier, par
une fraction du conseil-privé existant du
temps des anglais; conseil dissous il y a deux
ans, depuis l'installation du gouvernement

____

(1) Caisse municipale , p. 11.

français. Cette fraction n'était pas même compétente pour recevoir cette reddition de comptes, en ce que l'arrêté du 4 janvier 1815 rappelle, dans ce cas, l'article 2 de l'arrêté du mois d'avril 1810, qui lui-même renvoie à l'article 3 de l'arrêté du 28 décembre 1805, lequel veut que le trésorier municipal rende ses comptes *tous les ans devant une Commission désignée par le préfet colonial*, ou par l'autorité qui en a les pouvoirs.

Ce compte rendu et ces bordereaux de M. le trésorier municipal, arrêtés complaisamment par ces prétendus membres du conseil-privé du Roi et de l'administration anglaise, qui ne devait plus exister depuis le 9 décembre 1814, sont donc purement fictifs et illusoires, lorsqu'ils sont datés du 6 décembre 1815, et qu'on ne lui en donne décharge que le 6 juillet 1816. MM. les membres du conseil-privé n'étaient plus, dans ce moment, une autorité légale; on ne voit point d'ailleurs la délibération du comité permanent dudit conseil-privé qui les nomme, ou qui puisse leur donner une mission pour ne la remplir que deux ans après.

Ces comptes ne sont justifiés par aucunes pièces régulières à l'appui (1).

Les dépenses du personnel de l'administration municipale ne sont autorisées par aucun arrêté d'administration ou de gouvernement, si ce n'est le budget arrêté (2) par M. l'intendant, comme seul titre de la fixation des traitemens , chacun beaucoup plus considérable que celui des employés du Roi à la marine.

Ce budget a varié : celui arrêté pour 1815 est de 591,719 fr.; celui pour 1816 est de 370,606 fr. 60 c. : d'où l'on voit que M. l'intendant a été obligé d'amender et de diminuer ses dépenses projetées et présumées en 1815, sur le pied approximatif de ses recettes, qui ne pouvaient peut-être pas les couvrir en entier.

Dans le budget de 1815, le député de la Colonie est porté pour 40,000 fr. de traitement; dans le budget de 1816, il ne l'est que pour 24,000 fr., mais avec des indemnités de frais de passage et des avances qui le dédommagent amplement, et pro-

---

(1) Caisse municipale , p. 11.
(2) *Ibid.* p. 15.

mettent qu'on le dédommagera encore bien davantage.

On remarque que ce député prétendu de la Colonie n'a d'elle aucun titre légal de sa nomination, sinon le budget, et l'avantage d'être probablement assimilé à M. . . . . au sujet duquel M. Decrès écrivait au préfet colonial *que le Gouvernement avait décidé que M. . . . . député de la Colonie de la Martinique, jouira du traitement de* 24,000 *fr. sollicité par lui* (1). Ce député, d'ailleurs, ne peut-être considéré comme le député de la Chambre d'agriculture, qui a été supprimée depuis long-temps. De qui est-il donc le député ?

La Commission remarque le ridicule d'avoir mis le collége royal en régie, et blâme d'avoir exposé les fonds publics par des avances considérables, contre la défense et le sens précis des lettres-patentes de Sa Majesté, du 20 septembre 1768, qui ont servi de base à l'arrêté du Gouvernement du 20 janvier 1815, relatif à ce collége : Sa Majesté ordonne *que, dans aucun cas, il ne pourra lui être demandé de nouveaux secours*

____

(1) Caisse municipale, p. 20.

pour cet établissement. La dépense de l'année excède la recette, le collége est en décadence et tombe ; il ne peut subsister, il manque de sujets, il n'y a pas d'apparence qu'il puisse se relever : sur quoi et comment la caisse municipale sera-t-elle remboursée de ses avances ?

La Commission observe qu'une somme de 500 fr. d'indemnités pour frais et dépenses, est accordée à M. l'inspecteur de marine et contrôleur Colonial, à l'occasion d'un dîner donné par le Conseil souverain, au nom de la Colonie, lors de la reprise de possession de l'île. Quel doit être le désordre d'une administration, lorsque le contrôleur, fait pour le réprimer, y participe (1)!

Comment, et de quel droit, MM. les membres du Conseil souverain ont-ils pu puiser dans la caisse municipale une somme de 4,504 fr. 50 c., pour donner un dîner au nom de la Colonie ? Ce fait est sans exemple.

Pourquoi une indemnité de 900 fr. est-elle donnée au greffier du Conseil supérieur, lorsque d'ailleurs il cumule les émolumens de greffier, et le produit de sa charge de notaire?

---

(1) Caisse municipale, p. 22.

Pourquoi une indemnité de 1,230 fr. est-elle donnée à l'huissier du Conseil supérieur, en son autre qualité d'ex-capitaine pompier; et pourquoi 440 fr. sont-ils aussi donnés à un autre ex-capitaine pompier ? C'est qu'ils sont devenus eux-mêmes pompes aspirantes des largesses oligarchiques qu'on leur a faites aux dépens du Roi et de la Colonie.

La Commission remarque qu'il y a déjà pour plus de 80,000 fr. d'avances faites à la maison d'éducation des jeunes filles de la Colonie, à l'instar de la maison d'Ecouen, dont on a fait venir à grands frais les institutrices. Cette maison d'éducation n'est pas plus certaine de prospérer que le collége (1). Une épidémie et le moindre accident peuvent éloigner pour toujours tout espoir de remboursement, qui dépend de l'existence d'une ou de deux de ces dames difficiles à remplacer.

Le même individu est à la fois grand-voyer de la ville de Saint-Pierre, directeur, inspecteur, entrepreneur et contrôleur,

---

(1) A moins qu'on n'y envoie des enfans et de jeunes demoiselles d'Europe y faire leur éducation. L'école des grâces et du bon ton aurait alors émigré, et serait passée de France à la Martinique.

3

expert juré de toutes espèces d'entreprises et de travaux publics; il cumule des traitemens sous ces divers titres, et suivant les attributions qui en résultent. Il est porté dans le budget pour 12,000 fr. qu'il a reçus, et qu'il s'est sans doute adjugés comme inspecteur de la construction d'une fontaine à l'extrémité élevée d'une rue où il n'y a point encore de maisons, et hors de la commodité des habitans éloignés (1).

Outre ces 12,000 fr. au grand-voyer, on voit encore 7,457 fr. et 1,590 fr. qui lui sont payés pour des tombereaux, bœufs, mulets enharnachés, des journées de manœuvres, etc.

La somme de 8,233 fr. 60 c. de journées de soldats travailleurs est payée au quartier-maître du 26e. régiment, (bataillons supplémentaires) (2). Cependant tous les réglemens militaires défendent d'employer dans les colonies des soldats du Roi à des travaux forcés, dangereux, et contraires à leur conservation, lorsqu'il s'agit de les faire travailler, comme manœuvres ou hommes

---

(1) Caisse municipale, page 27.
(2) *Ibid.*, p. 27.

de peine, à remuer la terre : encore si des pièces probantes attestaient que ces soldats en ont réellement profité ! Il faut l'espérer, et croire que les comptes en seront régulièrement rendus.

De toutes parts des constructions du plus grand prix s'élèvent ; des travaux de toute espèce sont entrepris ; des fournitures de tous les genres alimentent l'activité et l'industrie des ouvriers ; des artistes appellent les spéculations des marchands : mais aucun devis, aucuns marchés publics, aucunes adjudications, seulement quelques conventions verbales, quelques ordres verbaux de M. l'intendant (1). La Commission remarque une infinité de dépenses diverses ainsi faites, et montant au-delà de 100,000 fr.

L'hôtel du domaine, de 160,000 fr. (2), et l'hôtel de la trésorerie, présumé devoir être de 300,000 fr., ont été élevés sur un simple ordre verbal de l'intendant, et les fonds pris sur la caisse des fées, qui, réunis à la caisse municipale, composent une somme de 6 à

______

(1) Caisse municipale, page 26.
(2) *Ibid.*, p. 30.

700,000 fr. par an , à la disposition pleine et entière de M. l'intendant, dont la dépense ne doit jamais être soumise à l'examen de la Chambre des Comptes. Cette somme excède l'imposition sur la Colonie avant la révolution, qui n'allait pas au-delà de 600,000 fr. par an (1).

La salle de spectacle offre un autre gouffre de prodigalités.

Lorsque l'arrêté du Gouvernement, du 1er. juin 1815 , a été pris, M. l'intendant était d'accord avec M. le gouverneur, et lui avait donné l'assurance que la dépense présumée des avances à faire ne se monterait pas au-delà de 100,000 fr. (2) , et déjà elles sont de 285,078 fr. 31 c. On présume aujourd'hui que la dépense totale ira au-delà de 600,000 fr. (3).

Toute cette entreprise est basée sur l'espoir des actions qu'on pourra prendre , mais il est encore incertain si on les prendra ; elle est hypotéquée sur le quinzième du produit

---

(1) Caisse municipale, p. 32.
(2) *Ibid.*, p. 26.
(3) *Ibid.* , page 34.

des bals et des spectacles (1), qui peuvent n'avoir jamais lieu aussi fréquemment qu'il le faudrait pour accroître ce quinzième du produit. On a l'expérience qu'une salle de spectacle n'a pu se soutenir d'une manière permanente à Saint-Pierre, même dans les temps les plus heureux, et que tous les entrepreneurs, directeurs et actionnaires s'y sont ruinés; que le remboursement de ces avances ne saurait avoir lieu que par une imposition sur les habitans, qui ne l'ont pas consentie, et qui ne peut légalement être ordonnée, qu'en vertu d'une délibération communale, homologuée par le Souverain.

Toutes les ordonnances du Roi ont successivement défendu aux gouverneurs et aux intendans d'imposer la Colonie de leur chef, même dans le cas où elle serait menacée par l'ennemi; à bien plus forte raison la même chose doit-elle être défendue pour rembourser des dépenses de spectacles, d'histrions, de musiciens, d'habits de Crispin, de

____

(1) On peut en être avide les premières fois; mais on y étouffe dans ce pays, où l'on respire à peine en plein air. Tous les plaisirs étouffans dégoûtent.

Scapin et de Pierrot. Que dire d'un assorti-
ment de perruques dont les avances sont
faites au compte du Roi ? Il semble que la
Martinique ait son magasin desMenus, àl'instar de l'Académie royale de musique de
Paris (1).

Toutes les dépenses de l'administration
municipale se font sans contrôle, surtout
celles de la comédie, ainsi qu'il résulte d'une
lettre du contrôleur colonial, en date du
30 janvier 1817 ; de sorte qu'on ne peut
affirmer que les recettes et les dépenses
soient fixes et certaines, ou qu'on n'en saurait dissimuler aucunes (2).

Toutes ces entreprises et plans de collége, de maison d'éducation de jeunes filles,
de salle de spectacle, et tout ce luxe de
dépenses municipales décèlent une intention
de s'isoler dans cette Colonie, et de n'avoir

____

(1) C'est le député de la Colonie qui s'est occupé
de ces importans objets, et qui était accrédité, au
moyen d'une forte somme, à l'entrepôt des artistes
dramatiques de la rue de l'Arbre-Sec, pour traiter de
l'emplette des costumes, ainsi que des engagemens des
acteurs et actrices qui sont partis dernièrement pour
la Martinique.

(2) Caisse municipale, page 36.

pas recours à la métropole. Ces dispositions sont précisément en sens inverse de
tous les moyens que le Gouvernement et la
Cour de Versailles employaient autrefois
pour attirer les créoles en France, tels que
les avantages qu'on leur présentait d'y puiser
une bonne éducation, d'y acquérir des hon-
neurs, des grades militaires, la noblesse,
des places, et toutes les faveurs qu'on leur
accordait; il était politique de les arracher
à cette apathie, à ces goûts casaniers et sé-
dentaires que l'on contracte si facilement
dans les Antilles, et de leur inspirer le désir
de venir chercher à leur source les habi-
tudes, les mœurs et l'urbanité françaises.
On s'efforçait de leur montrer la France
comme leur véritable patrie; mais pendant
ces trois dernières années on s'est dirigé certainement par des principes tout à fait contraires.

On n'a pas réfléchi que pour civiliser les
îles, ce fut par le travail que l'on commença,
et non par le luxe; que le Roi n'y a jamais
dû avoir que des sujets soumis et labo-
rieux; que les deux tiers de la Martinique,
toute petite que soit cette île, se trouvent encore sans être cultivés, depuis deux cents

ans bientôt que les Français l'occupent ; que tout ce qui n'est pas propre à planter la canne à sucre et le café, est regardé comme terrain stérile, qu'on abandonne sans culture, tandis qu'il y a une infinité d'autres espèces de plantations qui pourraient toutes y prospérer, suivant la température des sites plus ou moins élevés. Pourquoi ne permettrait-on pas à de petits ateliers de culture de s'élever à côté des grands ? Il y a bien assez de terrains à concéder ; et pourquoi n'encouragerait-on pas l'établissement de nouveaux colons, qui, sans faire tort aux anciens, pourraient croître et prospérer à côté d'eux ?

La Colonie, cultivée comme elle pourrait l'être, serait un paradis terrestre.

La population de la Colonie, dans son principe, a été au-delà de vingt mille blancs ; mais l'oligarchie l'a réduite à moitié, et en a arrêté l'accroissement, en raison de la multiplication de ses esclaves (1). Si donc l'agricul-

____

(1) Du moment qu'on a eu assez de noirs, on n'a plus voulu de blancs engagés ; mais si le nombre des premiers diminuait, celui des derniers pourrait augmenter, et il serait de toute nécessité d'y revenir et d'y

ture et la population blanche n'ont pas fait de progrès, les beaux-arts ne peuvent fleurir, et tous ces projets, disproportionnés et ruineux, d'embellissemens et de jouissances prématurées, ressemblent parfaitement à cette image du despotisme, peint par Montesquieu : *Quand le sauvage de la Louisiane veut manger un fruit, il coupe au pied l'arbre qui porte ce fruit.* Si la république de Platon est un roman magnifique et profond, l'oligarchie à la Martinique ne pourrait jamais être qu'une réalité mesquine et éphémère, dont les conceptions trop hâtives avorteraient toujours.

---

avoir recours. Le moment approche où l'on sentira le besoin et l'on trouvera le secret d'utiliser au harnois, à la charrue et au transport, les bœufs, les chevaux et les mulets, pour économiser la vie des hommes, dont on ne commencera peut-être à sentir le prix que quand ils deviendront rares.

On s'étonne qu'au lieu de salle de spectacle, de palais de justice, de trésorerie, de douanes, de collége sans professeurs et sans élèves, et de maisons d'éducation désertes, on n'ait pas songé à payer les dettes de la Colonie, à ouvrir des chemins, à réparer les forteresses, à remplir le vuide des arsenaux, à nétoyer les ports, etc. : c'est qu'au lieu de l'intérêt de la métropole, on n'avait en vue qu'un intérêt spéculatif, ou le goût d'une vaine magnificence.

Attendons encore, et nous attendrons long-temps pour voir de profonds législateurs naître sous les tropiques et des sages aux Antilles : Dogeron et Duparquet, leurs fon-dateurs, ont laissé peu d'héritiers de leur génie et de leurs vertus; pas un monument n'y retrace leur mémoire.

CHAPITRE IV.

De la Caisse des Curateurs aux successions vacantes.

Les curateurs dans les colonies sont des officiers d'administration, titulaires et cautionnés, qui administrent sous la dépendance immédiate des magistrats, et spécialement du procureur du Roi du Conseil supérieur et de ses substituts. L'édit du Roi, du 24 novembre 1781, fixe d'une manière invariable les obligations et les devoirs des curateurs, des exécuteurs testamentaires et des légataires. Cette loi coloniale a été maintenue par l'arrêté des administrateurs, du 7 novembre 1805, concernant la promulgation du Code civil à la Martinique. Les curateurs fournissent un cautionnement de 100 mille livres coloniales, ou de 60 mille francs; ils sont

destituables et amovibles pour malversa-
tions, etc., et responsables envers les héritiers. Rien n'est plus sage que cet édit; et cependant les abus n'ont fait que s'accroître
par l'impunité des comptables et l'incurie
du ministère public. Les préjugés créoles
s'opposent à trouver un créole en défaut.
Toute propriété échue par succession à un
européen dans la Colonie, paraît être
considérée, en quelque sorte, comme une
aubaine, du moment qu'on n'exécute pas les
lois si sagement établies pour sa conservation. En 1781, en 1805, en 1816, les plain-
tes sont arrivées en France, et des ordres
ont été donnés pour y faire droit: tous les
efforts et l'inaltérable probité du grand-juge,
M. Lefessier-de-Grandpré, ont eu peine à
vaincre les résistances de la parenté, de la
vanité et de la prétention. Tout jadis avait
semblé servir de bouclier à un curateur, qui
dévorait en festins magnifiques, en bals bril-
lans, les deniers de la veuve et de l'orphelin;
son luxe et ses dépenses effrénées étaient
un scandale public, à la honte de ceux qui
devaient surveiller ces dilapidations et ces
désordres, sous peine d'en être déclarés responsables.

(44)

Un curateur à Saint-Pierre avait disparu ;
il avait enlevé plus de 400,000 livres aux
successions vacantes. Le ministère public
enfin rendit plainte, et le coupable, en
fuite, fut condamné au gibet, et exécuté en
effigie le 23 avril 1802 (1).

La Commission se croirait coupable de
prévarication et de forfaiture, si elle ne ré-
vélait et si elle ne mettait au grand jour une
vérité qui lui a été démontrée : *c'est que les
livres de tous les curateurs, à l'exception de
ceux de M. Percin, attestent que ces comptables ont violé le dépôt sacré que la foi publique et le Gouvernement leur ont confié ; leur
caisse a été trouvée presque vuide, et leurs dé-
ficits sont constatés par des arrêts ou par leur
aveu* (2).

Et les magistrats sont restés immobiles et
impassibles.

Un curateur a été pendu en
effigie , et devait. . . . . 418,000 fr.
Un autre est en déficit de. . 147,084
Un troisième est mort insol-
vable.

---

(1) IVe. partie, Caisse des curateurs , p. 3.
(2) *Ibid.* , p. 3.

Un quatrième a été condamné
par arrêt, et sa veuve a payé. 193,170 fr.
Le curateur à Fort-Royal est
comptable de. 111,285

Un arrêt du Conseil supérieur, du 4 janvier 1814, consacre un délit public ; il récompense l'infidélité par une dispense de payer des intérêts légitimes. La veuve d'un curateur est déchargée des condamnations, en ce qui touche les intérêts des deniers de la curatelle de son mari : les capitaux fructifient donc pour ce comptable reconnu infidèle, et non pour les héritiers, contre l'édit de 1781, art. 59.

Le Conseil supérieur, présidé par M. l'intendant, rend un arrêt qui autorise la veuve de ce curateur à prendre une somme de 13,878 liv. 6 s. que son mari avait avancée à quelques successions, et à s'en rembourser sur une somme de 56,803 l. 8 s. 6 d. qu'elle devait verser dans la caisse du domaine. Un tribunal d'appel a-t-il le droit de disposer ainsi des fonds du Roi, et de consacrer, en principe de jurisprudence coloniale, des abus de confiance, des prévarications ? Et

comment M. l'intendant a-t-il pu y con-
sentir (1) ?

La solution de cette question appartient
au ministère de la marine et au Gouvernement, et on la lui défère.

Il n'est pas moins vrai qu'il en résulte
une jurisprudence inique, qui autorise les
curateurs à prendre les fonds d'une succession pour payer les dettes de l'autre : il y a
violation de dépôt, banque, agiotage, et,
en dernière analyse, une infidélité formelle
autorisée par un arrêt.

La Commission signale une espèce de
prévarication encore plus criante; elle a
reconnu que le greffier du Conseil supérieur
percevait des épices excessives.

L'arrêt du 14 messidor an 13
a été payé. . . . . 1,525 l. 10 s.

Un autre pour 1805 et 1806 1,487 l. 14 s.

Un autre a coûté. . . . . . 5,000 l. (2)

Dans la succession Dupui, dont la recette
est de 2,228 liv., les frais de justice sont
de 26,830 l.; dans la succession Lafargue,

----

(1) Caisse des curateurs, p. 4.

(2) Caisse des curateurs, exercice de MM. Percin
et Lachapelle, p. 1re.

de 25,185 liv., les frais de justice sont de 14,816 liv.

En vain les magistrats de la Cour se font gloire de rendre justice *gratis*, si leur greffier reçoit autant pour lui seul, que pour toute la Cour, si ses membres touchaient des épices.

L'article 63 de l'édit de 1781 veut que les curateurs versent à la caisse du domaine le produit des successions non réclamées au bout de 5 ans, soit qu'elles soient liquidées ou non liquidées. Les arrêts du Conseil supérieur ne portent dans les comptes des curateurs les successions non liquidées que pour mémoire; ce qui, au lieu de 5 ans, prolonge leur versement à la caisse du domaine au-delà de 15 ans. Les curateurs conservent les fonds, sous prétexte de non-liquidation. Les arrêts du Conseil les dispensent donc de l'exécution des articles 62 et 63 de l'édit de 1781. L'intendant, le trésorier, le procureur – général et ses substituts, demeurant dans l'inaction la plus absolue, *sont réellement complices de la perte des fonds divertis, et devraient en être déclarés responsables* envers le Roi ou les héritiers de ces successions.

La Commission est d'avis que les administrateurs de la Colonie ne peuvent se
dispenser, sans se compromettre, d'ordonner
dès à présent le versement immédiat dans
la caisse du Roi du produit de toutes les
successions tombées en déshérence depuis
5 ans, et d'exécuter l'édit conservateur de
1781 , article 63 : ils seraient eux-mêmes
responsables de la spoliation des fonds publics. Cette mesure conservatrice est indiquée par le Ministre, qui autorise à la faire
exécuter, même provisoirement et dès à
présent.

D'où vient, se demandera-t-on, un désordre et une mauvaise foi si généralement
et si long-temps tolérés, à l'égard de dépôts nécessaires et aussi sacrés que doivent
l'être des successions, dont les héritiers sont
à 2000 lieues ? N'ont-ils pas les plus grands
droits à la protection, à la conservation
et à la sureté que leur doivent toutes les autorités publiques, d'après les lois, qui les en
ont déclarées garantes et gardiennes ? Comment les habitans du pays eux-mêmes ne
sont-ils pas intéressés à se montrer aussi fiers
de leur probité que de leurs richesses, et
à garantir chez eux l'inviolabilité de la foi

des dépôts? La morale pub.ique y est-elle donc altérée jusques dans ses premiers élémens? Le tien et le mien n'y sont-ils pas connus? Il est vrai que les Caraïbes s'étonnaient que la terre n'appartînt pas à tout le monde; mais pour des gens civilisés, la possession actuelle et la jouissance présente peuvent-ils jamais être un titre plus respectable que la propriété elle-même? Tous les liens de la société des hommes sont-ils donc dissous ou relâchés dans ce petit coin du monde? Si la justice peut y avoir un palais, on s'étonne de ne point la trouver dans ce palais même, et qu'elle en soit repoussée, comme si elle y était étrangère. Quel sera donc son asile? On sait que *les Colonies françaises*, et c'est un fait historique, *furent établies par des gens sans aveu, qui fuyaient le frein ou le glaive des lois, et semblaient n'avoir besoin que d'une police sévère* (1). Mais aujourd'hui qu'elles sont peuplées d'habitans respectables et considérés, comment d'aussi graves abus sub-

____

(1) Raynal, p. 173, t. 5. Amsterdam, 1773.

Elles ont cela de commun avec Rome et avec les nations les plus illustres du monde.

4

sistent-ils du consentement des autorités, qui n'y remédient pas? Les lois souveraines du gouvernement royal de France doivent donc enfin s'y faire reconnaître, et y exercer leur autorité trop long-temps méconnue. Comment ces juges qui tiennent à honneur de rendre la justice gratuitement, ne sentent-ils pas que personne plus qu'eux n'a d'intérêt et de droit au maintien de la propriété, et à créer chez eux toutes les douceurs et la sécurité d'une société civilisée? Et comment permettent-ils que des faits aussi scandaleux accusent leur coupable indulgence? Tel est cependant le résultat de l'examen de toutes les gestions des curateurs aux successions vacantes à la Martinique. La vérité en est suffisamment constatée par les témoignages signés de six habitans pris parmi les plus estimables et les plus estimés; personne ne s'avisera donc de la nier ou de la contredire. C'est plutôt à réparer le mal qu'il faut songer; il l'est à moitié quand il est dévoilé.

CHAPITRE V.

De la Caisse de la Régie des biens des Déportés et des Absens.

LE gouvernement britannique, dans des vues de conservation et d'utilité publique, établit en 1802 une régie des biens des déportés et des absens, en faveur de ceux à qui la communication de la France avec la Martinique était interdite ; cette régie n'a pas été moins ruineuse pour les propriétaires, que la gestion des curateurs aux successions vacantes ne l'a été pour les héritiers et pour les créanciers.

A l'époque du mois de juillet 1802, le tableau certifié par James Bontein, et déposé au greffe de la sénéchaussée de Saint-Pierre, s'élève à 4,334,424 liv. 15 s. 9 d. Il se trouve réduit par des avances, dépenses et commissions, à 1,112,542 livres, d'après ce que certifié ledit James Bontein, receveur-général anglais, et d'après les balances de ces comptes qu'il a remises en Angleterre.

M. Charron, ancien receveur de la régie, a remis à M. Sorin, curateur, une valeur de 39,121 livres 15 s. 9 d., compris
un effet de 18,611 l. 2 s. d'une créance que
M. Borde n'a pas encore versée à M. Sorin,
quoiqu'il s'en soit porté en recette.

Du reste, M. Lecadre a exécuté les ordres
du général anglais Keppel, de remettre au
curateur les propriétés qui n'avaient pas été
réclamées, et tous les fonds perçus sur des
effets échus depuis le 27 mars 1802.

M. Sorin a compris dans ses comptes les
biens qu'il avait reçus de la régie, et se
trouve comptable pour cet objet particulier
de la somme de 48,248 liv. 11 s. 11 d.

Le curateur, à Fort-Royal, n'a présenté
aucun document sur cette partie de sa gestion : il y a donc une mesure d'ordre à
prendre vis-à-vis de lui pour cet objet.

Les propriétaires des sommes versées dans
la caisse du sieur James Bontein, d'après
l'avis de la Commission, sont autorisés à
penser que leurs réclamations ne seront pas
sans succès, puisque plusieurs d'entr'eux
ont déjà obtenu des remboursemens : la
Commission se fait un devoir de publier
l'état de tous ceux qui ont des droits.

La Commission dit qu'elle se croira trop noblement vengée de toute calomnie, si elle peut contribuer à sauver les débris de la fortune de quelques malheureux.

CHAPITRE VI.

De l'établissement d'une Chambre d'agriculture analogue à celle qui est établie à l'île de Bourbon, en vertu de l'ordonnance du Roi, du 13 novembre 1816.

LA Commission spéciale, formée en vertu des dépêches du Ministre de la marine, et réunie par ordre du gouverneur-général, pour donner son opinion sur l'organisation d'une chambre d'agriculture, a délibéré le 8 mai 1817, et a été d'avis :

1°. Que le comité consultatif d'agriculture et de commerce pouvait être établi à la Martinique, en raison de sa population, et composé de douze propriétaires planteurs et de quatre négocians, avec un pareil nombre de suppléans, dont trois de Saint-Pierre, et un de Fort-Royal ;

2°. Que le compte moral de la Colonie

serait rendu à ce comité, en présence de M. le gouverneur, par M. l'intendant ;

3°. Que le comité consultatif pourrait entretenir un député à Paris, pour donner des explications et des éclaircissemens au sujet de ses délibérations ; que son traitement pouvait être de 20,000 fr. par an ; que ce député devrait être nommé par le Roi, sur les trois candidats présentés au Ministre par le comité d'agriculture.

L'objet de ce comité, qui s'assemblerait tous les ans pendant quinze jours seulement, serait d'arrêter et de vérifier les comptes des dépenses locales, d'en arrêter le budget pour l'année suivante, de présenter des projets pour l'amélioration de la culture, et de signaler aux généraux-gouverneurs ou administrateurs en chef les abus qui pourraient être parvenus à sa connaissance.

Ce comité ou conseil d'agriculture pourrait être convoqué extraordinairement par le gouverneur ou par l'administrateur de la Colonie.

La Commission regarde en un mot ce comité comme un bienfait, qui mettra le comble aux vœux des colons, et sera un des plus grands que Sa Majesté ait daigné leur accorder.

CHAPITRE VII.

De l'organisation judiciaire analogue à l'ordonnance du Roi du 13 novembre 1816, relative à l'île de Bourbon.

On observe sommairement que les tribunaux sont encore organisés à la Martinique, non-seulement tels qu'ils l'étaient avant la révolution ; mais encore tels qu'ils le furent dès le principe de la fondation de la Colonie, il y a bientôt deux cents ans ; que, sans égard à notre législation nouvelle, la justice y est diamétralement en contradiction avec celle qui se rend en France , et avec presque toutes les dispositions des cinq Codes, qui, loin d'y être en vigueur, n'y sont presque pas connus ; au mépris des intérêts du commerce, des propriétaires de la métropole, qui ont des successions ouvertes dans cette île ; au mépris, en un mot, de la droiture et de toutes les notions du juste et de l'injuste.

Il y a deux sénéchaussées, dans chacune desquelles un seul juge prononce seul et sans assesseurs en première instance, au civil, au criminel, dans toutes les affaires de l'amirauté et du commerce, à quelque valeur que se monte l'objet en litige; sa sentence a force de chose jugée, s'il n'y a appel, et si l'éloignement et la modicité de crédit et de fortune de la partie condamnée la mettent hors d'état de l'interjeter, et de poursuivre devant le Conseil supérieur.

Le Conseil supérieur lui-même juge en dernier ressort, et ne motive point ses arrêts; d'où il est clair qu'ils sont sans appel et à l'abri de la cassation.

Les frais de justice sont énormes et presque arbitraires. Les places de greffier des sénéchaussées valent jusqu'à 80,000 fr. de rétribution par an : on a payé jusqu'à 5,000 fr. la délivrance d'une seule sentence (1).

Ce Conseil supérieur est en même temps Cour de justice civile et de justice criminelle, comité de gouvernement, chambre d'agriculture et chambre des comptes, puisqu'il reçoit ceux des curateurs aux successions vacantes, qu'il recevait autrefois ceux des recettes et des dépenses municipales, et puisque enfin M. l'intendant pro-

____

(1) Caisse des curateurs, exercice Lachapelle et Percin, page 1re.

posait sérieusement au Conseil d'état de l'ériger en chambre des comptes des recettes et dépenses de l'administration royale,

Un criminel ou prévenu, loin d'être protégé par un jury, ne saurait avoir de défenseur ; il lui est interdit de plaider sa cause lui-même ; il est condamné et exécuté sans réclamation et sans réplique.

A l'égard des nègres, la justice doit être rendue suivant le Code noir; chef-d'œuvre de législation, dans lequel le grand Colbert stipula les droits de l'humanité contre le despotisme et l'esclavage, et sur lequel repose la sureté de la Colonie.

Un français européen qui aborde dans une colonie française en Amérique, s'y trouve donc privé aujourd'hui de ses droits civils et politiques, garantis par la Charte constitutionnelle de l'Etat; les lois particulières qui doivent régir les Colonies, aux termes de l'article 73 de cette Charte, ne sont point faites; les lois anciennes, non-abrogées, et qui ne peuvent l'être que par une autre loi, n'y sont point suivies, ou du moins celles qui doivent l'être éprouvent les exceptions les plus arbitraires; la propriété, la liberté et les intérêts des particuliers dépendent absolument des décisions d'une compagnie qui, n'exprimant jamais le motif de ses jugemens, élude le pourvoi en cassation. La plupart des juges sont d'anciens militaires ou des marins qui n'ont jamais fait leur droit; un Français s'y trouve donc hors de la Charte et hors de ses lois naturelles, quoiqu'il pense être en France, étant à la Martinique. Une colonie française est donc pour lui pire qu'un gouvernement étranger régulier, dans lequel on respecte au moins le droit des gens; et cet état doit durer jusqu'à ce que les lois particulières annoncées par l'art. 73 de la Charte du royaume, soient définitivement rendues.

C'est dans ces circonstances assez critiques et assez pressantes, que la Commission spéciale, d'après les ordres du ministre de la marine et du gouverneur-général, s'est assemblée pour examiner le mode qui lui paraîtrait le plus convenable de suivre, pour appliquer à la Martinique l'ordonnance du Roi du 13 novembre 1816, relative à l'organisation judiciaire de l'île de Bourbon.

La Commission adopte avec d'autant plus d'empressement la dénomination de Cour royale, qu'elle exprime un sentiment inné chez tous les colons.

Elle trouve convenable qu'il y ait deux tribunaux de première instance : l'un à Fort-Royal, et l'autre à Saint-Pierre.

Elle rejette l'établissement des juges de paix, parce qu'elle trouve que les commandans de paroisse en peuvent remplir le but ; qu'il pourrait être établi dans les villes de Saint-Pierre et de Fort-Royal seulement des bureaux de conciliation ; que les autres attributions des juges de paix peuvent être réunies à celles des tribunaux de première instance, comme cela existe depuis le mois de novembre 1805.

La Commission est unanimement d'avis d'un tribunal terrier, qui serait composé d'un gouverneur, de l'intendant, du premier président de la Cour royale, de deux conseillers au choix de la Cour, du procureur-général et du greffier de la Cour royale.

La Cour royale réunirait toutes les attributions des Cours royales de France, et connaîtrait, par appel et en dernier ressort, de toutes matières civiles, commerciales, criminelles et correctionnelles.

L'institution du jury ne sera point en vigueur dans la Colonie ; mais la majorité de la Commision est d'avis que l'accusé ait un défenseur, et que les débats soient publics.

La Commission est d'avis d'adopter la première section et la deuxième de l'article 9, sans modification; en conséquence, il y aurait sept magistrats et le même nombre d'auditeurs. Elle fixe les traitemens.

La Commission admet deux tribunaux de première instance : l'un à Saint-Pierre, et l'autre à Fort-Royal. Chacun sera composé de deux juges et de trois suppléans; il connaîtra en dernier ressort de toutes affaires civiles et de commerce, dont l'objet ne s'élève pas au-delà d'une valeur de 1,000 fr. Elle fixe les traitemens.

La justice est gratuite; les juges sont inamovibles; les administrateurs de la Colonie ne peuvent jamais prendre séance dans les tribunaux.

On observe que la Commission n'a point examiné jusqu'à quel point il conviendrait qu'une moitié des juges fût composée d'européens, et l'autre moitié de créoles; qu'aucun juge ne fût dispensé d'avoir étudié en droit, et d'être gradué, et que les présidens, et procureurs du Roi des tribunaux fussent européens.

CHAPITRE VIII.

Délibération d'une Commission sur le meilleur moyen d'acquitter les dettes des Colons, provoquée par une déclaration officielle du Gouverneur.

UNE des causes du non-paiement des dettes vient de ce que, dans tous les cas de mutation de propriété, les immeubles sont estimés à trop haut prix, soit pour offrir une garantie apparente plus forte au commerce, soit à cause de la construction des bâtimens toujours trop grands et d'un entretien coûteux et disproportionné à l'exploitation des biens en valeur de l'habitation.

Une autre cause est l'indivisibilité des biens patrimoniaux, d'après laquelle, en vertu de la loi du 24 août 1726, un seul cohéritier achète les immeubles indivis à termes et avec des intérêts.

Le vil prix des denrées coloniales, les intérêts accumulés excédant le produit des récoltes, des intérêts usuraires et ruineux, les intérêts capitalisés d'après l'art. 1154 du Code civil; la cherté des vivres, le poison,

la guerre, les coups de vent ; la suppression
de la traite qui fait diminuer le nombre des
bras ; le défaut de lois coërcitives contre
les débiteurs, et l'inexécution des lois exis-
tantes ; la saisie réelle abolie, l'expropriation forcée et le régime hypothécaire sus-
pendus ; la loi du 24 août 1726, sur le dé-
guerpissement, seule maintenue ; le créancier n'ayant aucune faculté d'exercer des
poursuites rigoureuses ; le délai de suspen-
sion ne commençant à courir que depuis le
retour de Sa Majesté dans sa capitale, (déci-
sion du sénéchal de Saint-Pierre, qui établit cette jurisprudence); les termes géné-
reusement accordés aux débiteurs par les
tribunaux, en interprétant l'article 1244 du
Code : voilà les causes du non-paiement
des dettes de la Colonie.

Il faut donc une uniformité de principes
de législation qui unissent intimement la Colonie à la métropole, les colons aux négocians, et l'agriculture au commerce.

M. de Lalanne pense que les habitations
de la Colonie ne sont point estimées trop
haut, si le prix des denrées se soutenait tel
qu'il est aujourd'hui, et que la Colonie ne
tarderait pas à être libérée. (Mais n'est-ce

pas aux dépens de la métropole qu'elle se libérerait ainsi, si les douanes étaient toujours aussi mal dirigées, et son exclusif violé?)

On demande maintenant quels sont les moyens les plus sûrs pour remédier au retard du paiement des dettes coloniales?

M. Cavrot est d'avis d'une surséance de six ans, à la charge, par le débiteur, de se libérer par sixième d'année en année, excepté les dettes privilégiées, cela à l'égard des dettes anciennes; mais à l'égard des dettes nouvelles, d'en poursuivre le paiement sans restriction.

M. le comte de la Tournelle a été d'avis d'établir une chambre, composée de planteurs, d'hommes de loi, de négocians, qui, sur la demande du gouverneur, serait chargée de l'éclairer sur les mesures de bonté ou de rigueur qu'il devrait prendre pour parvenir aux liquidations des créances.

M. de Lalanne a pensé que le débiteur dont la valeur de la propriété n'excédait que d'un dixième le montant de ses dettes, devait être exproprié sur le champ.

Celui dont l'excédant n'était que d'un quart, ne devait l'être que dans huit ans.

L'excédant d'un tiers, dans six ans.

L'excédant de moitié, dans quatre ans.

L'excédant des deux tiers, sans terme.

L'estimation de l'excédant devrait être constatée par le débiteur, et à ses frais, contradictoirement avec le créancier exerçant les poursuites.

Le *minimum* de la valeur des créances dont les poursuites en expropriation pourraient être autorisées, devraient être au moins de 100,000 livres coloniales.

M. Villette a adopté et modifié le délai de six ans, et par sixième, proposé par M. Cavrot, pour les dettes anciennes (1).

Huit membres de la Commission ayant été d'avis de l'exécution de la loi de l'expropriation, avec une modification d'un délai pour les dettes anciennes, il s'ensuit nécessairement l'expropriation immédiate pour les dettes nouvelles. *L'inexécution des lois, et l'organisation vicieuse des tribunaux,* sont les obstacles à vaincre pour exercer les pour-

____

(1) La création et l'organisation d'une caisse d'amortissement, au moyen d'une première mise de ces 2 à 3 millions d'économies et d'épargnes, dont la possibilité a été démontrée, serait le moyen le plus direct et le plus simple d'éteindre successivement les dettes de la Colonie.

suites dont parle la dépêche officielle du Ministre de la marine.

M. Villette est d'avis de l'utilité, non-seulement d'un tribunal de commerce, mais encore de la nécessité de la promulgation des Codes de commerce et de procédure.

La majorité de la Commission est d'avis de l'élection des tribunaux de commerce, avec des modifications.

La Commission est d'avis que chacun soit composé d'un président, de deux juges, de deux suppléans, d'un greffier, et que le Ministre choisisse un homme de mérite, en France, pour venir présider, seulement pour deux ans, chacun des deux tribunaux qui sera établi.

La Commission a été d'avis ensuite que, dans le cas où les farines françaises manqueraient, l'introduction des farines étrangères serait permise, sans pouvoir excéder l'approvisionnement d'un mois.

CHAPITRE IX.

De la Comparaison de l'Ordonnance du 12 avril 1817 avec le systéme monétaire.

Il en résulte que le tarif fixé par l'ordonnance de M. l'intendant, est en perpétuelle contradiction avec ladite ordonnance, et que l'exécution n'a pas répondu *à l'intention annoncée* : ni l'or ni l'argent d'aucune puissance autre que la France, ne s'y trouve porté à sa valeur intrinsèque; et tantôt l'or fin y est avec l'argent fin dans la proportion d'un à plus de seize, et tantôt dans la proportion d'un à moins de quinze (1).

Toutes les opérations faites d'après l'ordonnance démontrent l'absurde de tous les articles du tarif, et les abus qui en ont dû résulter dans l'opération du retrait des mocos, et qui doivent résulter par la suite

______

(1) Les ordres du Roi, du 25 août 1716, défendaient aux gouverneurs et intendans de porter les espèces de France, même les pistoles et piastres d'Espagne, à une plus haute valeur que dans le royaume.

au profit de l'agiotage et du monopole. On dirait que c'est une mine de spéculations qu'on a voulu ouvrir, et que l'envoi successif et illusoire des monnaies rondes ne fera qu'alimenter et ne comblera jamais. Il n'y a de ressource qu'en remettant les bons mocos (1) en circulation dans la Colonie : il ne fallait démonétiser que les mauvais, et prendre une mesure fixe pour empêcher l'introduction des fausses monnaies. Cette mesure simple avait été prise par M. le préfet colonial Laussat; il suffisait d'y tenir la main, et de la remettre en vigueur. Mais on a exécuté à faux les ordres du Ministre de la marine : on l'avait trompé, en l'assurant que la totalité des mocos à retirer ne s'éleverait pas au-delà de

---

(1) Par l'édit du Roi de décembre 1730, 40 mille marcs d'une espèce particulière de monnaie de 12 s. et de 6 s. furent fabriqués à La Rochelle pour les Iles du-Vent seulement, avec défense expresse de rapporter dans le royaume ou dans les autres Colonies lesdites espèces. Tel est aujourd'hui l'objet des bons mocos, afin qu'ils restent dans la Colonie, comme véhicule du commerce intérieur et de détail, comme moyen de faciliter et d'accélérer le débit des pacotilles qui arrivent d'Europe, et de solder les comptes de la vente des cargaisons.

3,000,000 livres coloniales, ou 1,800,000 fr. de France. Le Ministre a expédié une valeur de 1,500,000 fr. par la frégate *la Néréide*, partie de Rochefort le 3 février 1817, et arrivée à la Martinique en vingt-six jours, pour opérer sur le champ et sans délai le retrait des mocos. On a retardé cette opération de quarante-deux jours : elle n'a eu lieu que le 14 avril, en vertu de l'ordonnance de l'intendant, du 12 dudit, qui fixait qu'elle devait se faire et être terminée dans le délai de quatre jours. Le résultat a été tel, qu'au lieu des 15 à 18 cent mille fr. présumés de mocos retirés, il s'en est trouvé pour une valeur trois ou quatre fois plus forte, dont on ignore encore le montant juste au ministère de la marine. On a donc été obligé de mettre en circulation, pour la représenter, des bons du receveur de deux espèces, *valeur intrinsèque*, et *valeur nominale*, avec un cours forcé de monnaie déterminé. Ce papier, n'offrant aucune hypothèque, est tombé en discrédit dès sa création : toutes les bourses se sont resserrées; la confiance publique a été anéantie ; chacun a craint un remboursement en papier, s'il mettait ses fonds dehors. On a spéculé sur ces pa-

piers, qui ont haussé et baissé, et sont à la
fin tout à fait tombés. On demande qui de
la Métropole ou de la Colonie les rembour-
sera? Déduction faite de la valeur intrinsèque des mocos retirés comme vieil argent, la caisse de la Colonie sera encore
à découvert de plusieurs millions : qui les
payera? Les contrebandiers, les monopo-
leurs, les agioteurs auront eu une belle occasion de faire un énorme bénéfice : qui le
leur fera rendre? Qui les en punira?

CONCLUSION.

La Martinique, gouvernée et administrée d'après des lois et des réglemens si anciens, qu'ils devaient nécessairement être tombés en désuétude, ou avoir dégénéré en abus, n'était pas depuis long-temps en harmonie avec la France ; elle devait l'être moins encore après tous les événemens amenés par la révolution : de sorte que cette Colonie en est au point qu'il est urgent que la métropole lui donne une législation particulière, comme l'article 73 de la Charte constitutionnelle du royaume l'a statué ; car si cette petite population de 10 à 12 mille blancs se séparait, faisait scission, et déclarait aussitôt son émancipation et son indépendance (rêve absurde, dont on sent le ridicule) ; si, de cette manière, ses dettes envers le commerce français se trouvaient payées ; s'il arrivait que la Martinique souveraine décrétât qu'elle méconnaît les obligations contractées par la Martinique sujette et soumise, on voit combien on aurait à se repentir de ne lui avoir point donné de lois : mais il ne faut pas douter, ni même supposer qu'elle puisse cesser un instant d'être attachée à sa mère-patrie, et dévouée à son Roi légitime, ni qu'elle ne mette le plus grand honneur à s'acquitter de ses obligations. Quoiqu'on sache que ces principes faux et illusoires ont été manifestés ; que ce désir qui, depuis les nouvelles théories sur l'indépendance et la révolution des colonies de l'Amérique, que l'on tolère, que l'on publie ouvertement à Paris, et qu'on dévore dans les Antilles, n'a presque pas besoin de se contraindre, et ne se contient sans doute que par l'embarras des moyens que des factieux auraient à déployer, s'ils prenaient ce parti : il faut certainement savoir gré aux colons des protestations d'attachement et de soumission qu'ils expriment envers le Roi et la métropole; mais si nous avons quelque obligation à la bonne foi et à la franchise de ceux-là, il est des ambitieux auxquels il ne faut savoir gré que de leur insuffisance (1).

----

(1) MM. de B........ et de M...., à la Guadeloupe, proposaient à sir James Leith de se donner avec leur île à l'Angleterre, qui n'a eu aucun égard à cette offre méprisable. Quel honteux cosmopolisme !

(*Gazette de la Guadeloupe*, N°.... année 1816.)

La Martinique, depuis 25 ans, a acquis l'expérience et le sentiment de sa position ; elle a, aussi bien que toutes les provinces de France, discuté tous les principes révolutionnaires, et s'en est fait l'application en théorie comme en pratique. En 1793 et 1794, il lui convint, pour ses intérêts particuliers et coloniaux, d'appeler les anglais : fit-elle bien ? Les anglais, sous le général Keppel, protégèrent cette île comme un individu qui se jetait dans leurs bras, de même qu'ils ont protégé et secouru individuellement ceux que le malheur des temps a forcés de se réfugier dans leur pays ; (on pourrait dire qu'à cette époque la Martinique en masse émigra chez eux.) Ils en laissèrent les habitans se gouverner et s'administrer comme ils l'entendaient, parce qu'ils ne les regardèrent ni comme sujets, ni comme pays conquis, mais comme un dépôt qu'ils ne violèrent point, parce qu'ils comptaient le rendre intact à leur souverain légitime. Mais ces habitans, ainsi tranquilles sur leur sureté extérieure, et se gouvernant intérieurement eux-mêmes, ne firent-ils pas un dangereux essai d'une illusoire indépendance ? Et de ce moment ne sé sont-ils point trop complaisamment considérés comme les véritables propriétaires de la souveraineté de leur île ? Administrés par un intendant créole, le même qui en 1793 avait si habilement négocié, les avait dirigés, leur avait conseillé de se jeter dans les bras des anglais, et de se placer sous leur protection, ne se seraient-ils pas persuadés aujourd'hui que le mieux serait d'être sur le même pied qu'ils étaient alors avec l'Angleterre, à l'égard et sous la protection de la France; de conserver certains priviléges municipaux et certains avantages commerciaux dont cet intendant a paru vouloir les faire jouir avec une extension et une latitude *à la vérité peu conformes aux intérêts de la métropole*, mais sur lesquelles ils espéraient qu'on voudrait bien fermer les yeux sous un gouvernement bon, indulgent et tout rempli de clémence ?

Voilà peut-être le mot de l'énigme, l'esprit et le véritable sens dans lequel les a trouvés la restauration en 1814. Mais il est certain que, pour prix de leur fidélité au Roi, leur vœu secret serait qu'on les laissât dans cette position, qui flatte autant leur amour propre que leurs intérêts coloniaux et personnels : car ils doivent se rappeler que quand les Anglais, en 1810, sont venus, non pour les protéger, mais bien pour les conquérir, ils ne furent pas contens des généraux Brooderick, Becwith, et surtout de Charles Wâles, parce qu'ils en furent gouvernés comme des sujets du Roi de la Grande-Bretagne, et qu'ils n'étaient plus simplement protégés, mais bien assujétis et soumis.

C'est donc la dépendance d'une métropole qu'ils supportent impatiemment, et qui les tourmente; ils veulent bien qu'on les protége, mais ils ne veulent pas être dominés : erreur funeste, d'après laquelle ils ne réfléchissent et ne songent pas que ce n'est qu'en se soumettant franchement et de bonne foi, qu'ils échapperont à tous les malheurs dont ils sont menacés, s'ils se détachaient un instant de leur métropole, et s'ils ne se liaient le plus étroitement possible à la puissance à laquelle ils appartiennent; ils doivent en suivre l'impulsion, à peu près comme une chaloupe obéit à toutes les directions du vaisseau auquel elle est remorquée (1); sinon ils sont destinés à disparaître dans la tour-

____

(1) Raynal, T. 5, page 178.

mente des révolutions qui les entourent; et ils n'auraient plus à espérer qu'une existence d'une trop courte durée.

Mais loin de nous ce sinistre et funeste pronostic! La fidélité de la Martinique au Roi de France sera toujours son palladium, son égide, et l'ancre qui la soutiendra, même au sein des orages.

Appendice à la Note de la page 40.

Dans les deux mémoires du Roi, en date du 25 août 1716, adressés à MM. de la Varenne et de Ricouart, ses représentans, comme gouverneur et comme intendant, à la Martinique, il leur était enjoint, 1°. de réprimer le monopole et la contrebande; 2°. d'arrêter les vexations des officiers de justice, et de leur faire payer leurs dettes; 3°. de soutenir le petit habitant qui fait la force de la Colonie, contre le grand et le puissant; 4°. d'attirer de nouveaux habitans, d'en augmenter le nombre, et celui des blancs engagés, qui devaient être dans la proportion d'un pour vingt nègres; 5°. d'établir toutes sortes de cultures, et d'empêcher de trop multiplier les sucreries, parce qu'on regardait la perte des îles comme pouvant résulter de l'épuisement des terres, occasionné par l'excessive culture des cannes à sucre; 6°. on prescrivait de placer de petits habitans dans le cœur de l'île, de faire faire des chemins commodes pour faciliter le transport de leurs denrées, etc., etc., etc.

Mais l'oligarchie excita le *gaoulé* de 1717, dans lequel MM. de Ricouart et de la Varenne furent enlevés de vive force, et embarqués pour France. De ce moment, tous les progrès de la culture furent entravés, et ceux de la population blanche arrêtés ; la prospérité de la Colonie se trouva restreinte au profit d'un très-petit nombre d'habitans privilégiés, qui, par ce moyen, sont demeurés les seuls et exclusifs possesseurs de l'île ; c'est en eux que se concentre et s'isole ce qu'ils appellent l'*intérêt colonial* : expression qui, dans le cœur et dans l'esprit de colons attachés de bonne foi à leur mère-patrie, ne devrait avoir d'autre significa-tion que celle de l'intérêt général de la France.

FIN.